Impressum
Verlag: BABADADA GmbH, Nedderfeld 112 , 22529 Hamburg
Geschäftsführer / Verlagsleitung: Harald Hof
Druck: Books on Demand GmbH, In de Tarpen 42, 22848 Norderstedt

Imprint
Publisher: BABADADA GmbH, Nedderfeld 112 , 22529 Hamburg, Germany
Managing Director / Publishing direction: Harald Hof
Print: Books on Demand GmbH, In de Tarpen 42, 22848 Norderstedt

σχολείο

դպրոց

σχολική τάξη
διαιρώ
բաժանել
186/2
πίνακας
գրատախտա
կ
σχολική αυλή
δάσκαλος
ուսուցիչ
χαρτί
թուղթ
γράφω
գրել
στυλό
գրիչ
γραφείο
գրասեղան
χάρακας
քանոն
βιβλίο
գիրք
μαθητής
աշակերտ

σχολική τσάντα

պայուսակ

κασετίνα/ μολυβοθήκη

գրչատուփ

μολύβι

մատիտ

ξύστρα

մատիտի սրիչ

γόμα

ռետին

μπλοκ ζωγραφικής

նկարչական ալբոմ

2 σχολείο - դպրոց

ζωγραφική

Նկարչություն

πινέλο

վրձին

κουτί χρωμάτων

ներկերի տուփ

ψαλίδι

մկրատ

κόλλα

սոսինձ

τετράδιο ασκήσεων

տետր

εργασία για το σπίτι

Տնային աշխատանք

12

αριθμός

թիվ

2+2

προσθέτω

գումարել

5-2

αφαιρώ

հանել

2×2

πολλαπλασιάζω

բազմապատկել

υπολογίζω

հաշվել

A

γράμμα

տառ

ABCDEFG HIJKLMN OPQRSTU VWXYZ

αλφάβητο

այբուբեն

hello

λέξη

բառ

κείμενο

տեքստ

διαβάζω

կարդալ

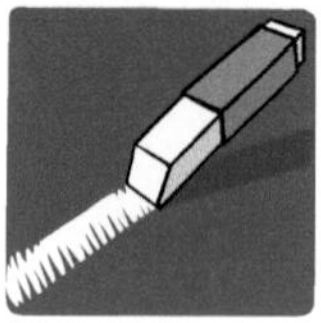

κιμωλία

կավիճ

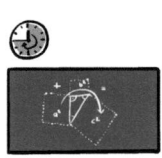

μάθημα

դաս

εγγράφομαι

մատյան

τεστ

քննություն

πιστοποιητικό

վկայական

μαθητική στολή

դպրոցական համազգեստ

εκπαίδευση

կրթություն

εγκυκλοπαίδεια

հանրագիտարան

πανεπιστήμιο

համալսարան

μικροσκόπιο

մանրադիտակ

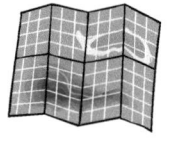

χάρτης

քարտեզ

καλάθι αχρήστων

աղբարկղ

ταξίδι

ճանապարհորդություն

ξενοδοχείο
հյուրանոց
ξενώνας
հանրակացարա
ն
ανταλλακτήρια συναλλάγματος
փոխանակման կետ
βαλίτσα
ճամպրուկ
αυτοκίνητο
ավտոմեքենա

γλώσσα

լեզու

ναι / όχι

այո / ոչ

εντάξει

Լավ

γεια σου

ողջույն

μεταφραστής

թարգմանիչ

Ευχαριστώ

Շնորհակալություն

πόσο κάνει ;

Որքան է ...?

Δε καταλαβαίνω

Ես չեմ հասկանում

πρόβλημα

խնդիր

Καλησπέρα!

Բարի երեկո

Καλημέρα!

Բարի լույս

Καληνύχτα!

Բարի երեկո

Αντίο

ցտեսություն

κατεύθυνση

ուղղություն

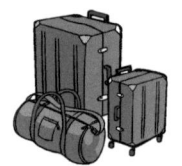

αποσκευές

ուղղեբեռ

τσάντα

պայուսակ

σακίδιο πλάτης

մեջքի պայուսակ

καλεσμένος

հյուր

δωμάτιο

սենյակ

υπνόσακος

քնապարկ

σκηνή

վրան

τουριστικές πληροφορίες

Զբոսաշրջության տեղեկատվական

παραλία

լողափ

πιστωτική κάρτα

ԿՐԵԴԻՏ քարտ

πρωινό

նախաճաշ

μεσημεριανό

լանչ

δείπνο

ճաշ

εισιτήριο

տոմս

ανελκυστήρας

վերելակ

γραμματόσημο

կնիք

σύνορα

սահման

τελωνείο

մաքսային

πρεσβεία

դեսպանություն

βίζα

Մուտքի արտոնագիր

διαβατήριο

անձնագիր

μεταφορά

Փոխադրամիջոցներ

αεροπλάνο
ինքնաթիռ
πλοίο
նավ
πυροσβεστικό όχημα
հրշեջ մեքենա
λεωφορείο
ավտոբուս
φορτηγό
բեռնատար մեքենա
χανοκίνητο σκάφος
տորանավակ
ποδήλατο
հեծանիվ
αυτοκίνητο
ավտոմեքենա

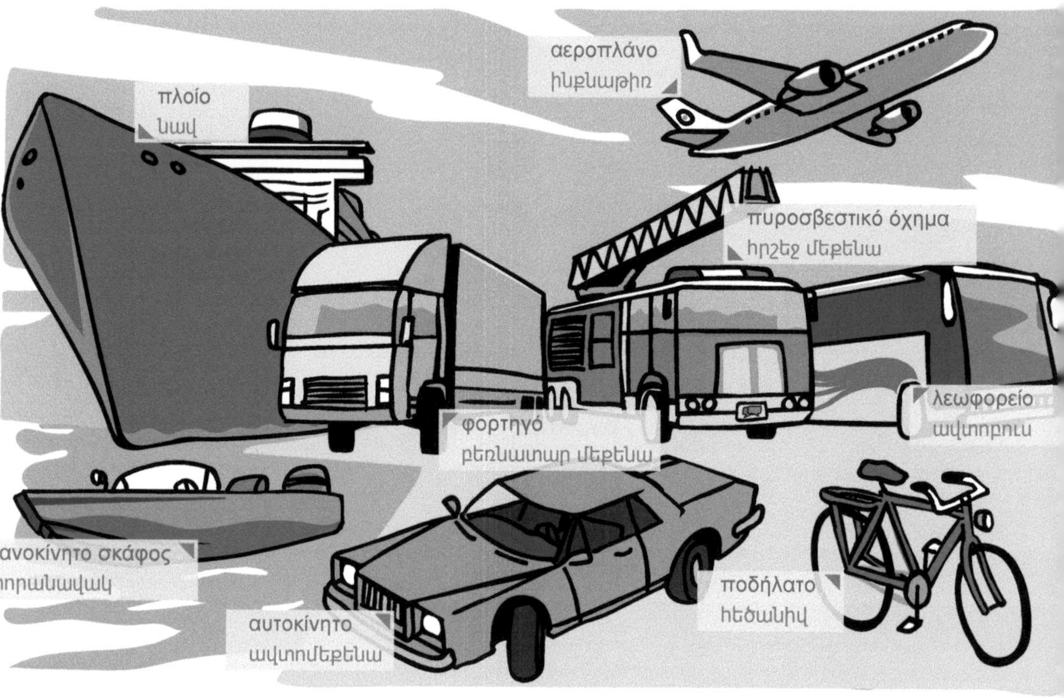

φεριμπότ

լաստանավ

βάρκα

նավակ

μοτοσικλέτα

մոտոցիկլ

περιπολικό

ոստիկանության մեքենա

αγωνιστικό αυτοκίνητο

մրցարշավային մեքենա

ενοικιαζόμενο αυτοκίνητο

վարձակալվող մեքենա

διαμοιρασμός αυτοκινήτων

մեքենայի վարձակալում

γερανός

էվակուատոր

απορριμματοφόρο

աղբահանության մեքենա

κινητήρας

շարժիչ

καύσιμο

վառելիք

βενζινάδικο

բենզալցակայան

πινακίδα σήμανσης

երթևեկության նշան

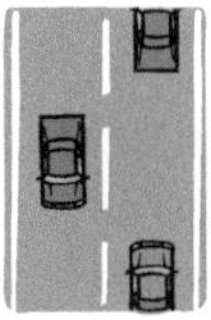

κυκλοφορία

երթևեկություն

κυκλοφοριακή συμφόρηση

խցանում

χώρος στάθμευσης

ավտոկանգառ

σιδηροδρομικός σταθμός

երկաթուղային կայարան

σιδηροδρομικές γραμμές

երկաթուղագիծ

τρένο

գնացք

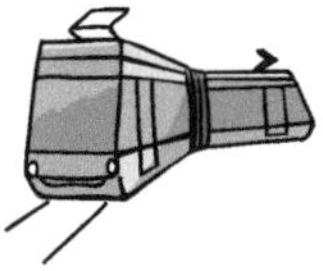

τραμ

տրամվայ

βαγόνι

վագոն

ελικόπτερο

ուղղաթիռ

αεροδρόμιο

օդանավակայան

πύργος

աշտարակ

επιβάτης

ուղեւոր

εμπορευματοκιβώτιο

աման

χαρτοκιβώτιο

խավաքարտ

καρότσι

սայլ

καλάθι

զամբյուղ

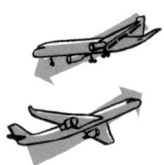

απογειώνομαι / προσγειόνομαι

հանեք / հողատարածք

πόλη
քաղաք

χωριό

գյուղ

κέντρο της πόλης

քաղաքի կենտրոնում

σπίτι

տուն

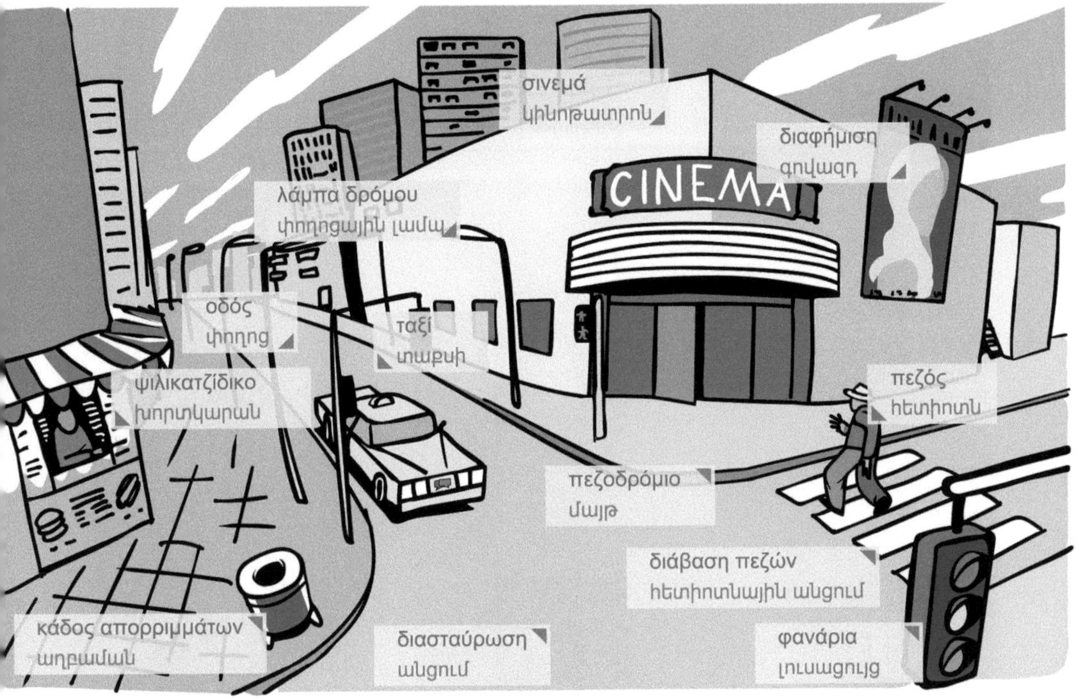

σινεμά
կինոթատրոն
διαφήμιση
գովազդ
CINEMA
λάμπα δρόμου
փողոցային լամպ
οδός
փողոց
ταξί
տաքսի
ψιλικατζίδικο
խորտկարան
πεζός
հետիոտն
πεζοδρόμιο
մայթ
διάβαση πεζών
հետիոտնային անցում
κάδος απορριμμάτων
աղբաման
διασταύρωση
անցում
φανάρια
լուսացույց

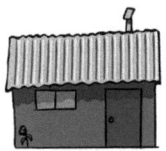

καλύβα

խրճիթ

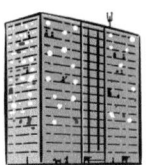

διαμέρισμα

բնակարան

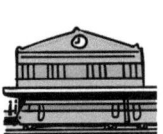

σιδηροδρομικός σταθμός

երկաթուղային կայարան

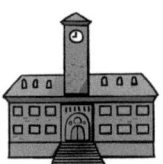

δημαρχείο

քաղաքապետարան

MUSEUM

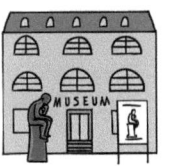

μουσείο

թանգարան

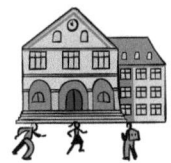

σχολείο

դպրոց

πανεπιστήμιο

համալսարան

τράπεζα

բանկ

νοσοκομείο

հիվանդանոց

ξενοδοχείο

հյուրանոց

φαρμακείο

դեղատուն

γραφείο

գրասենյակ

βιβλιοπωλείο

գրքույկ խանութ

κατάστημα

խանութ

ανθοπωλείο

ծաղկի խանութ

σούπερ μάρκετ

սուպերմարկետ

αγορά

շուկա

πολυκατάστημα

հանրախանութ

ιχθυοπωλείο

ձկան խանութ

εμπορικό κέντρο

առեւտրի կենտրոն

λιμάνι

նավահանգիստ

πάρκο

զբոսայգի

παγκάκι

բանկերը

γέφυρα

կամուրջ

σκάλες

աստիճաններ

μετρό

մետրո

τούνελ

թունել

στάση λεωφορείου

ավտոբուսի կանգառ

μπαρ

բար

εστιατόριο

ռեստորան

γραμματοκιβώτιο

փոստարկղ

πινακίδα δρόμου

փողոցային նշան

παρκόμετρο

ավտոկայանման հաշվիչ

ζωολογικός κήπος

կենդանաբանական այգի

πισίνα

լողավազան

τζαμί

մզկիթ

πόλη - քաղաք

13

αγρόκτημα

ֆերմա

ρύπανση

աղտոտման

νεκροταφείο

գերեզմանոց

εκκλησία

եկեղեցի

παιδική χαρά

խաղահրապարակ

ναός

տաճար

τοπίο

բնապատկեր

φύλλο
πινακίδα κατεύθυνσης
ուղղության նշան
δρόμος
ճանապարհ
λιβάδι
մարգագետին
πέτρα
քար
δέντρο
ծառ
πεζοπόρος
արշավականներ
ποτάμι
գետ
χορτάρι
խոտ
λουλούδι
ծաղիկ

κοιλάδα

հովիտ

λόφος

բլուր

λίμνη

լիճ

δάσος

անտառ

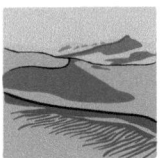

έρημος

անապատ

ηφαίστειο

հրաբուխ

κάστρο

ամրոց

ουράνιο τόξο

ծիածան

μανιτάρι

սունկ

φοίνικας

արմավենու ծառ

κουνούπι

մժեղ

μύγα

թռչել

μυρμήγκι

մրջյուն

μέλισσα

մեղու

αράχνη

սարդ

σκαθάρι

բզեզ

βάτραχος

գորտ

σκίουρος

սկյուռ

σκαντζόχοιρος

ոզնի

λαγός

նապաստակ

κουκουβάγια

բու

πουλί

թռչուն

κύκνος

կարապ

αγριογούρουνο

վարազ

ελάφι

եղջերու

άλκη

իշայծյամ

φράγμα

պատնեշ

ανεμογεννήτρια

քամին տուրբինների

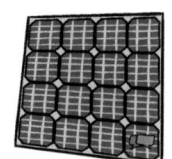

ηλιακός συλλέκτης

արեւային վահանակ

κλίμα

կլիմա

εστιατόριο

ռեստորան

σερβιτόρος
մատուցող
κατάλογος
մենյու
καρέκλα
աթոռ
σούπα
ապուր
πίτσα
պիցցա
τραπεζομάντιλο
սփռոց
μαχαιροπίρουνα
սպասք

ορεκτικό

ստարտեր

κύριο πιάτο

հիմնական կերակուր

επιδόρπιο

դեսերտ

ποτά

օրական

φαγητό

սնունդ

μπουκάλι

շիշ

φαστ φουντ

արագ սնունդ

φαγητό στ' όρθιο

streetfood

τσαγιέρα

թեյնիկ

δοχείο ζάχαρης

շաքարաման

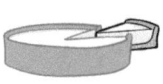

μερίδα

բաժին

μηχανή εσπρέσο

էսպրեսսո մեքենա

ψηλή καρέκλα

մանկական աթոռ

λογαριασμός

օրինագիծ

δίσκος

սկուտեղ

μαχαίρι

դանակ

πιρούνι

պատառաքաղ

κουτάλι

գդալ

κουταλάκι του τσαγιού

թեյի գդալ

πετσέτα φαγητού

անձեռոցիկ

ποτήρι

ապակի

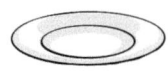

πιάτο

ափսե

πιάτο σούπας

խոր ափսե

πιατάκι φλιτζανιού

պնակ

σάλτσα

սոուս

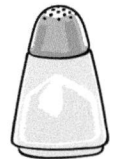

αλατιέρα

աղաման

μύλος για πιπέρι

պղպեղի աղաց

ξύδι

քացախ

λάδι

ձեթ

μπαχαρικά

համեմունքներ

κέτσαπ

կետչուպ

μουστάρδα

մանանեխ

μαγιονέζα

մայոնեզ

σούπερ μάρκετ
սուպերմարկետ

προσφορά
հատուկ առաջարկ
FOR
πελάτης
հաճախորդ
γαλακτοκομικά προϊόντα
Dairy
φρούτα
միրգ
καρότσι για ψώνια
գնումների սայլակ

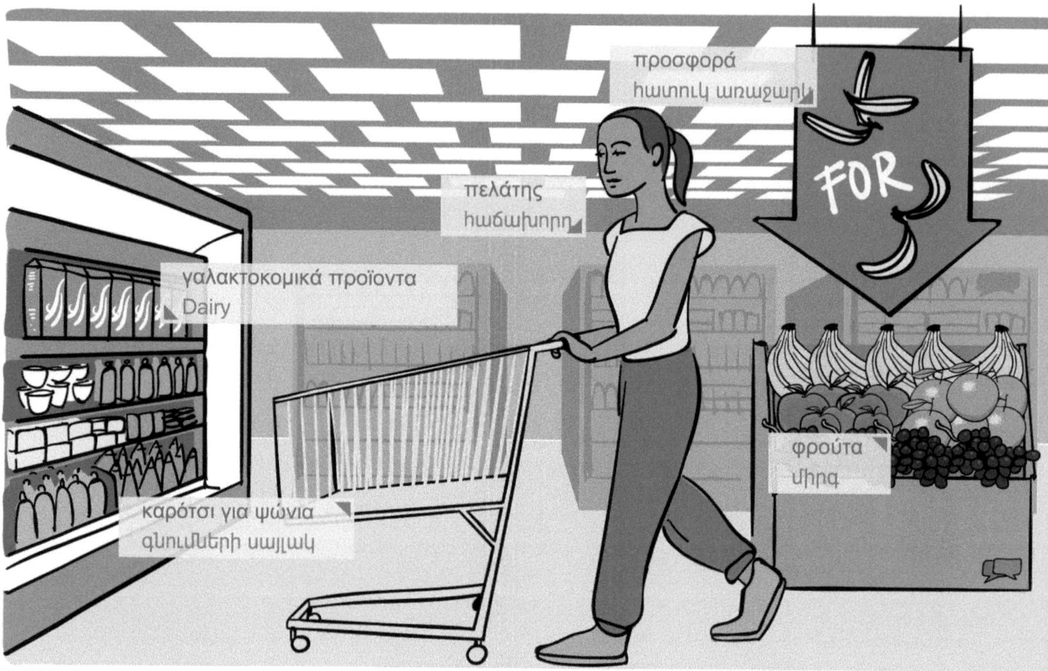

κρεοπωλείο

մսամթերքի խանութ

φούρνος

հացամթերքի խանութ

ζυγίζω

կշռել

λαχανικά

բանջարեղեն

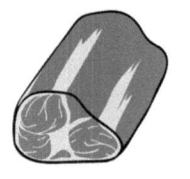

κρέας

միս

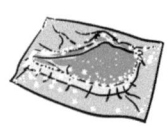

κατεψυγμένα τρόφιμα

սառեցված սննդամթերքի

αλλαντικά

երշիկեղեն

κονσερβοποιημένη τροφή

պահածոների

απορρυπαντικό ρούχων

լվացքի փոշի

γλυκά

քաղցրավենիք

οικιακά είδη

տնտեսական ապրանքներ

καθαριστικά προϊόντα

մաքրող միջոցներ

πωλήτρια

վաճառող

ταμείο

դրամարկղ

ταμίας

գանձապահ

λίστα για ψώνια

գնումների ցուցակ

ωράριο λειτουργίας

ժամերը

πορτοφόλι

դրամապանակ

πιστωτική κάρτα

ԿՐԵԴԻՏ քարտ

τσάντα

պայուսակ

πλαστική σακούλα

պլաստիկ տոպրակ

ποτά

օրական

νερό

ջուր

χυμός

հյութ

γάλα

կաթ

κόκα κόλα

կոլա

κρασί

գինի

μπίρα

գարեջուր

αλκοόλ

սպիրտ

κακάο

կակաո

τσάι

թեյ

καφές

սուրճ

εσπρέσο

էսպրեսսո

καπουτσίνο

կապուչինո

φαγητό

սնունդ

μπανάνα

բանան

μήλο

խնձոր

πορτοκάλι

նարնջի

πεπόνι

սեխ

λεμόνι

կիտրոն

καρότο

գազար

σκόρδο

սխտոր

μπαμπού

բամբուկ

κρεμμύδι

սոխ

μανιτάρι

սունկ

ξηροί καρποί

ընկուզեղեն

νουντλς

արիշտա

μακαρόνια

սպագետտի

ρύζι

բրինձ

σαλάτα

աղցան

πατατάκια

չիպս

τηγανητές πατάτες

տապակած կարտոֆիլ

πίτσα

պիցցա

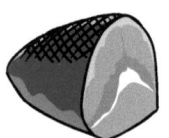

χάμπουργκερ

համբուրգեր

σάντουιτς

սենդվիչ

κοτολέτα

կոտլետ

ζαμπόν

խոզապուխտ

σαλάμι

սալյամի

λουκάνικο

երշիկ

κοτόπουλο

հավ

ψητό

խորոված

ψάρι

ձուկ

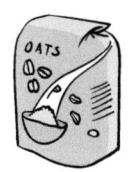

χυλός βρώμης

վարսակի փաթիլներ

μούσλι

մյուսլի

κορν φλέικς

եգիպտացորենի փաթիլներ

αλεύρι

ալյուր

κρουασάν

կրուասան

ψωμάκι

բուլկի

ψωμί

հաց

τοστ

տոստ

μπισκότα

թխվածքաբլիթներ

βούτυρο

կարագ

τυρόπηγμα

կաթնաշոռ

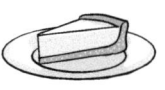

κέικ

տորթ

αυγό

ձու

τηγανητό αυγό

տապակած ձու

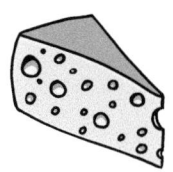

τυρί

պանիր

φαγητό - սնունդ

παγωτό

պաղպաղակ

ζάχαρη

շաքար

μέλι

մեղր

μαρμελάδα

ջեմ

άλλειμμα σοκολάτας

նուգա սերուցք

κάρυ

կարրի

αγρόκτημα
ֆերմա

αγρόσπιτο
ֆերմային տնակ
δεμάτι άχυρου
ծղոտի դեզ
αχυρώνας
գոմ
χωράφι
αλόγο
ձի
ρυμουλκούμενο
կցասայլ
τρακτέρ
տրակտոր
πουλάρι
քուռակ
γάιδαρος
ավանակ
πρόβατο
ոչխար
αρνί
գառ

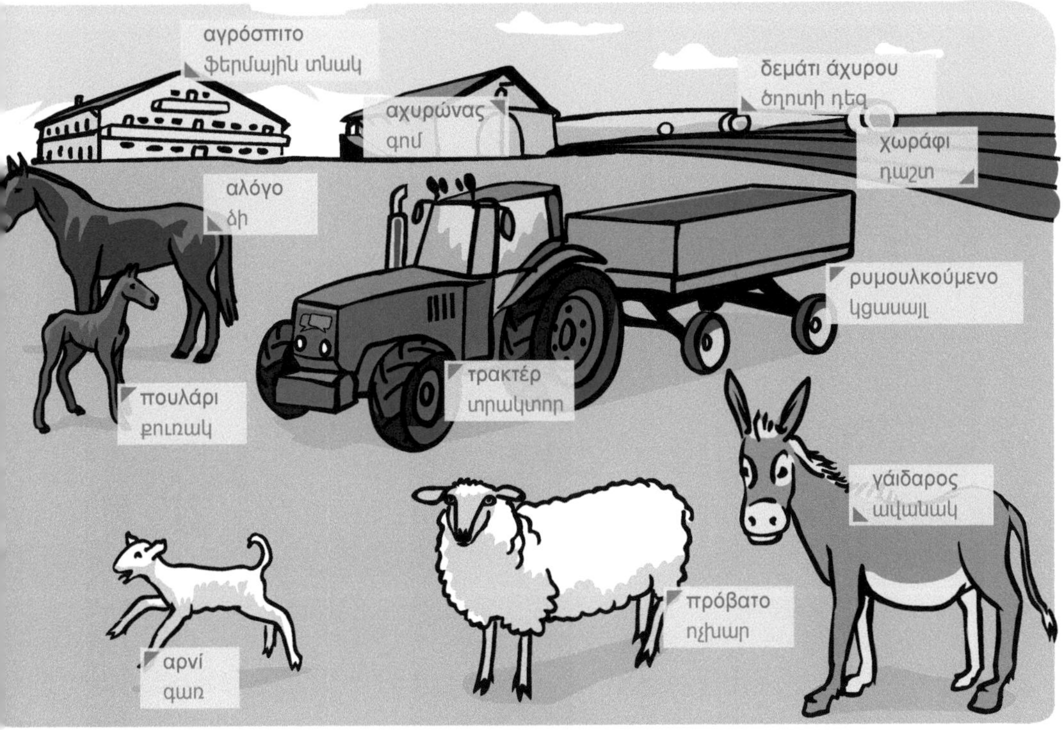

κατσίκα

այծ

αγελάδα

կով

μοσχαράκι

հորթ

γουρούνι

խոզ

γουρουνάκι

խոճկոր

ταύρος

ցուլ

χήνα

սագ

πάπια

բադ

κοτοπουλάκι

ճուտ

κότα

հավ

κόκορας

աքլոր

αρουραίος

առնետ

γάτα

կատու

ποντίκι

մուկ

βόδι

ցուլ

σκύλος

շուն

σπιτάκι σκύλου

շան բուն

λάστιχο κήπου

այգու փողրակ

ποτιστήρι

watering կարող է

θεριστήρι

գերանդի

αλέτρι

գութան

δρεπάνι

մանգաղ

τσάπα

թոխր

δίκρανο

եղան

τσεκούρι

կացին

χειράμαξα

միանիվ ձեռնասայլակ

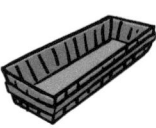

ταΐστρα

կերակրատաշտ

δοχείο γάλακτος

կաթի բիդոն

σάκος

պարկ

φράχτης

ցանկապատ

στάβλος

կայուն

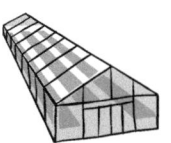

θερμοκήπιο

ջերմոց

έδαφος

հող

σπόρος

սերմ

λίπασμα

պարարտանյութ

θεριζοαλωνιστική μηχανή

բերքահավաք կոմբայն

θερίζω

բերք

συγκομιδή

բերք

γιαμς

յամս

σιτάρι

ցորեն

σόγια

սոյա

πατάτα

կարտոֆիլ

καλαμπόκι

եգիպտացորեն

κράμβη

rapeseed

οπωροφόρο δέντρο

մրգային ծառ

μανιόκα

manioc

δημητριακά

շիլաներ

σπίτι

տուն

καμινάδα
ծխնելույզ
στέγη
տանիք
υδρορροή
ջրհորդան խողովակ
παράθυρο
պատուհան
γκαράζ
ավտոտնակ
κουδούνι
դռան զանգ
πόρτα
դուռ
σκουπιδοτενεκές
աղբարկղ
γραμματοκιβώτιο
փոստարկղ
κήπος
պարտեզ

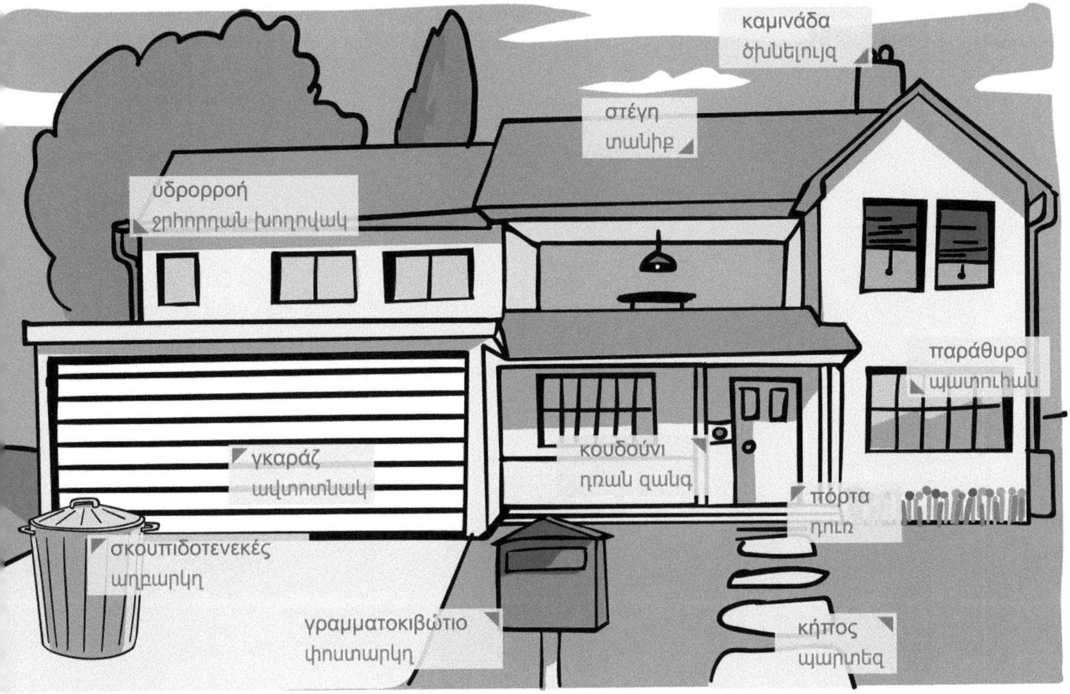

σαλόνι

հյուրասենյակ

μπάνιο

լողասենյակ

κουζίνα

խոհանոց

υπνοδωμάτιο

ննջարան

παιδικό δωμάτιο

մանկական սենյակ

τραπεζαρία

ճաշասենյակ

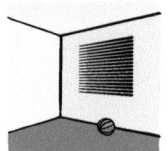

πάτωμα
հարկ

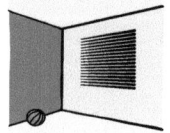

τοίχος
պատ

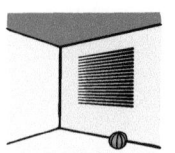

οροφή
առաստաղ

κελάρι
նկուղ

σάουνα
շոգեբաղնիք

μπαλκόνι
պատշգամբ

βεράντα
պատշգամբ

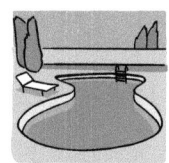

πισίνα
ավազան

μηχανή του γκαζόν
խոտհնձիչ

σεντόνι
թերթ

κάλυμμα κρεβατιού
անկողնու ծածկոց

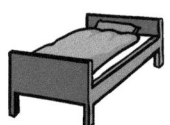

κρεβάτι
մահճակալ

σκούπα
ավել

κουβάς
դույլ

διακόπτης
անջատիչ

σαλόνι
հյուրասենյակ

ταπετσαρία
պաստառ
φωτογραφία
նկար
λάμπα
լամպ
ράφι
դարակ
ντουλάπι
τηλεόραση
հեռուստացույց
τζάκι
բուխարի
λουλούδι
ծաղիկ
μαξιλάρι
բարձ
καναπές
բազմոց
βάζο
սկահակ
τηλεκοντρόλ
հեռակառավարման
վահանակ

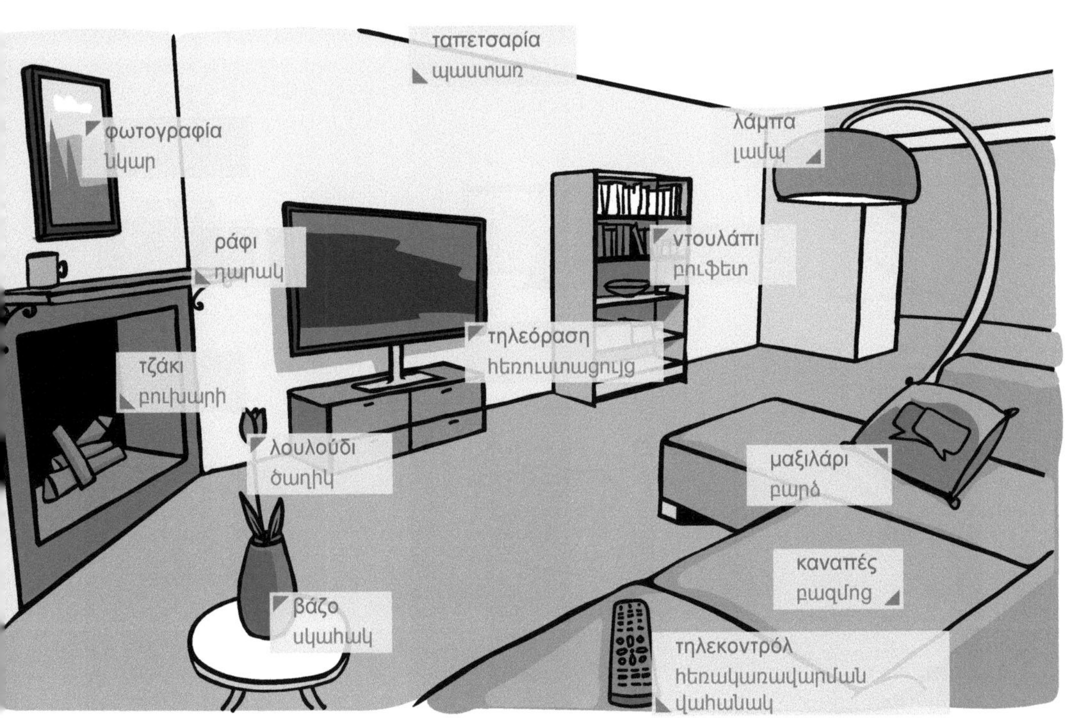

χαλί

գորգ

κουρτίνα

վարագույր

τραπέζι

սեղան

καρέκλα

աթոռ

κουνιστή πολυθρόνα

ճոճվող բազկաթոռ

πολυθρόνα

բազկաթոռ

βιβλίο

գիրք

κουβέρτα

վերմակ

διακόσμηση

զարդարանք

καυσόξυλα

վառելափայտ

ταινία

ֆիլմ

στερεοφωνικό σύστημα

hi-fi

κλειδί

բանալի

εφημερίδα

թերթ

πίνακας ζωγραφικής

նկար

αφίσα

պլակատ

ραδιόφωνο

ռադիո

σημειωματάριο

տետր

ηλεκτρική σκούπα

փոշեկուլ

κάκτος

կակտուս

κερί

մոմ

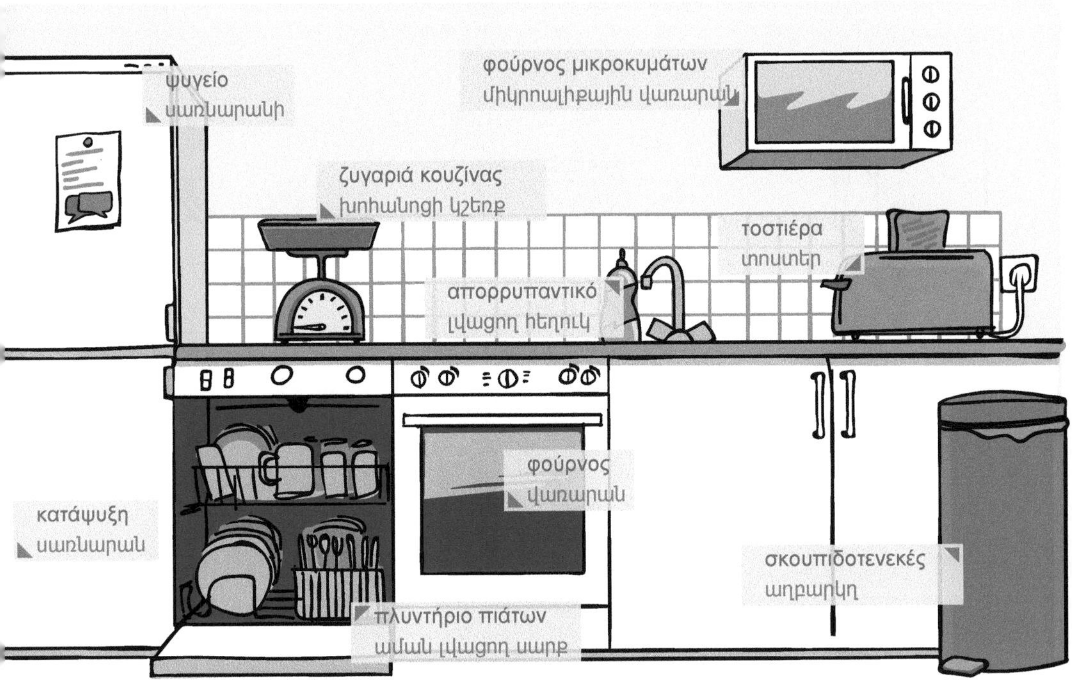

κουζίνα
խոհանոց

ψυγείο
սառնարանի
φούρνος μικροκυμάτων
միկրոալիքային վառարան
ζυγαριά κουζίνας
խոհանոցի կշեռք
τοστιέρα
տոստեր
απορρυπαντικό
լվացող հեղուկ
φούρνος
վառարան
κατάψυξη
սառնարան
σκουπιδοτενεκές
աղբարկղ
πλυντήριο πιάτων
աման լվացող սարք

κουζίνα

....

կաթսա

κατσαρόλα

....

կճուճ

μαντεμένια κατσαρόλα

....

թուջե աման

γουόκ/καντάι

....

wok / kadai

τηγάνι

....

թավա

βραστήρας

....

թեյնիկ

κουζίνα - խոհանոց 35

ατμομάγειρας

շոգենավ

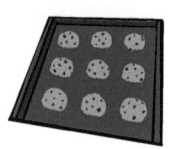

ταψί

ջեռոցի սկուտեղ

πιατικά

ամանեղեն

κούπα

բաժակ

μπολ

խորը աման

ξυλάκια

փայտիկներ

κουτάλα

շերեփ

σπάτουλα

խոհանոցային բահիկ

ανακατεύω

հարել

σουρωτήρι

քամիչ

σουρωτηράκι

մաղ

τρίφτης

քերիչ

γουδί

հավանգ

ψησταριά

խորոված

ανοιχτή φωτιά

բաց կրակի

σανίδα κοπής

տախտակ

πλάστης

գրտնակ

ανοιχτήρι φελλών

խցանահան

κονσέρβα

բանկա

ανοιχτήρι κονσέρβας

բացիչ

γάντι φούρνου

խոհանոցային բռնիչ

νεροχύτης

լվացարան

βούρτσα

խոզանակ

σφουγγάρι

սպունգ

μπλέντερ

բլենդեր

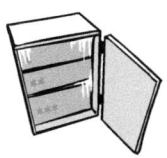

καταψύκτης

սառնարան

μπιμπερό

մանկական շիշ

βρύση

թակել

μπάνιο
լողասենյակ

ντους
ցնցուղ
θέρμανση
ջեռուցում
πετσέτα
սրբիչ
κουρτίνα ντους
լոգարանի վարագույր
αφρόλουτρο
փրփուրով վաննա
μπανιέρα
լոգարան
ποτήρι
ապակի
πλυντήριο ρούχων
լվացքի մեքենա
βρύση
πλακάκια
սալիկներ
γιογιό
νεροχύτης
լվացարան

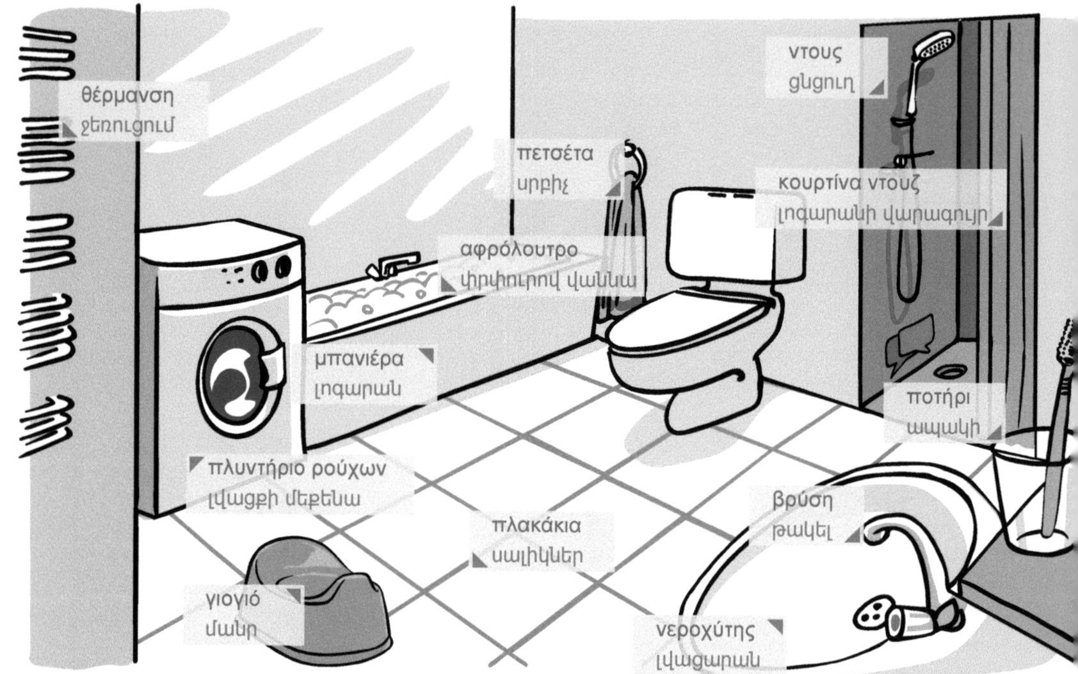

τουαλέτα

զուգարան

τούρκικη τουαλέτα

կզելը զուգարան

μπιντές

բիդե

ουρητήριο

pissoir

χαρτί υγείας

զուգարանի թուղթ

πιγκάλ

զուգարանի խոզանակ

οδοντόβουρτσα

ատամի խոզանակ

οδοντόκρεμα

ատամի քսուք

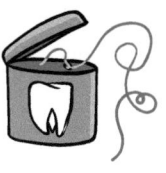

οδοντικό νήμα

ատամի թել

πλένω

լվանալ

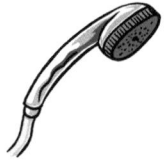

τηλέφωνο ντους

ձեռքի ցնցուղ

ντουσιέρα

ցնցուղ

λεκάνη

ավազան

βούρτσα πλάτης

մեջքի խոզանակ

σαπούνι

օճառ

αφρόλουτρο

լոգանքի գել

σαμπουάν

շամպուն

φανέλα

ճիլոպ

σιφόνι

հատականցք

κρέμα

կրեմ

αποσμητικό

դեզոդորանտ

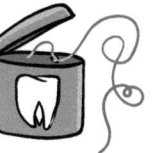

καθρέφτης

հայելի

καθρέφτης χειρός

ձեռքի հայելի

ξυραφάκι

սափրիչ

αφρός ξυρίσματος

Սափրվելու փրփուր

αφτερσέιβ

սափրվելուց հետո քսվող
լոսյոն

χτένα

սանր

βούρτσα

խոզանակ

σεσουάρ

Մազերի չորացուցիչ

λακ

Մազի լաք

μακιγιάζ

դիմահարդարում

κραγιόν

շրթներկ

βερνίκι νυχιών

եղունգների լաք

βαμβάκι

բամբակ

ψαλίδι νυχιών

եղունգների մկրատ

άρωμα

օծանելիք

νεσεσέρ

դիմահարդարման պայուսակ

σκαμπό

աթոռակ

ζυγαριά

կշեռք

μπουρνούζι

լողանալու խալաթ

ελαστικά γάντια

ռետինե ձեռնոցներ

ταμπόν

տամպոն

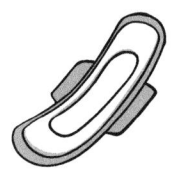

πετσέτα υγιεινής

սանիտարական սրբիչ

χημική τουαλέτα

քիմիական զուգարան

παιδικό δωμάτιο
մանկական սենյակ

ξυπνητήρι
զարթուցիչ ժամացույց
λούτρινο ζωάκι
փափուկ խաղալիք
αυτοκινητάκι
խաղալիք մեքենա
κουδουνίστρα
κουκλόσπιτο
տիկնիկների տնակ
δώρο
ներկա

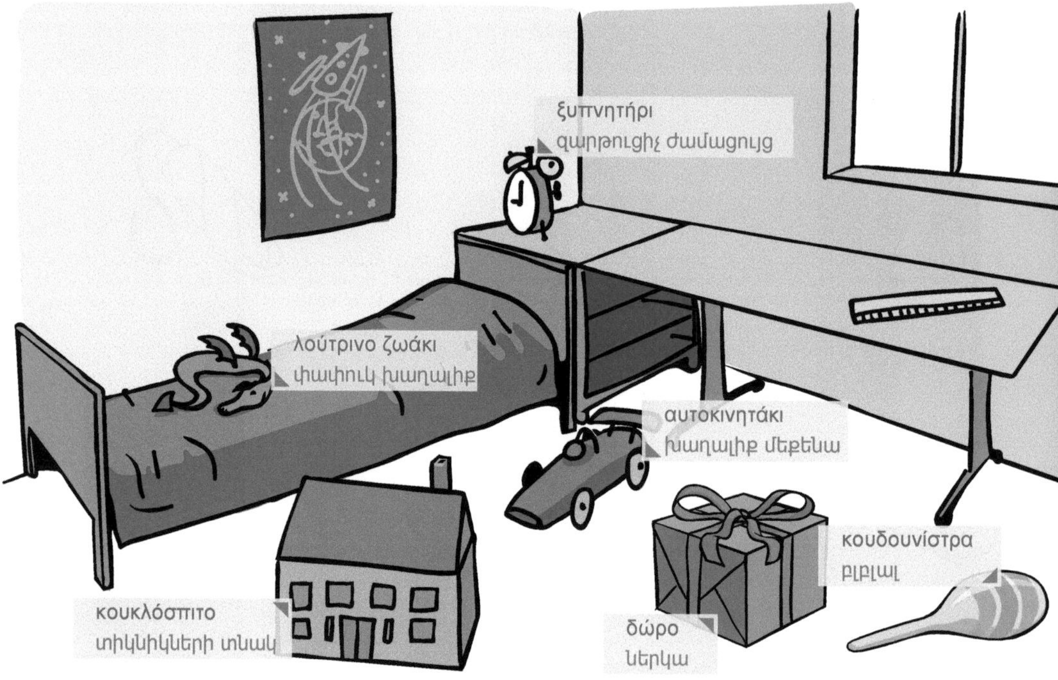

μπαλόνι
փուչիկ

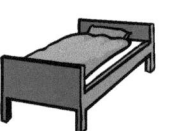

κρεβάτι
մահճակալ

καροτσάκι
մանկական սայլակ

τράπουλα
խաղաթղթեր

παζλ
խճապատկեր

κόμικς
կոմիքս

τουβλάκια lego

Լեգո կուբիկներ

τουβλάκια κατασκευών

կառուցողական խաղալիքներ

φιγούρα δράσης

ակցիան գործիչ

βρεφικό φορμάκι

մանկական բոդի

φρίσμπι

Frisbee

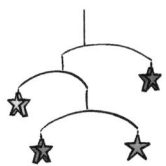

μόμπιλο

շարժական

επιτραπέζιο παιχνίδι

խաղատախտակ

ζάρια

զառախաղ

σετ τρενάκι

գնացքների կազմ

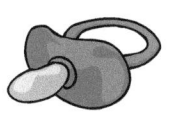

πιπίλα

ծծակ

πάρτι

կուսակցություն

εικονογραφημένο βιβλίο

մանկական պատկերազարդ գիրք

μπάλα

գնդակ

κούκλα

տիկնիկ

παίζω

խաղալ

σκάμμα με άμμο

ավազե խաղահրապարակի

κούνια

ռիթմ

παιχνίδια

Խաղալիքներ

κονσόλα βιντεοπαιχνιδιών

վիդեո խաղ մխիթարել

τρίκυκλο

եռանիվ հեծանիվ

αρκουδάκι

խաղալիք արջուկ

ντουλάπα

պահարան

ρούχα

հագուստ

κάλτσες

կիսագուլպա

καλτσοδέτες

գուլպա

καλσόν

զուգագուլպա

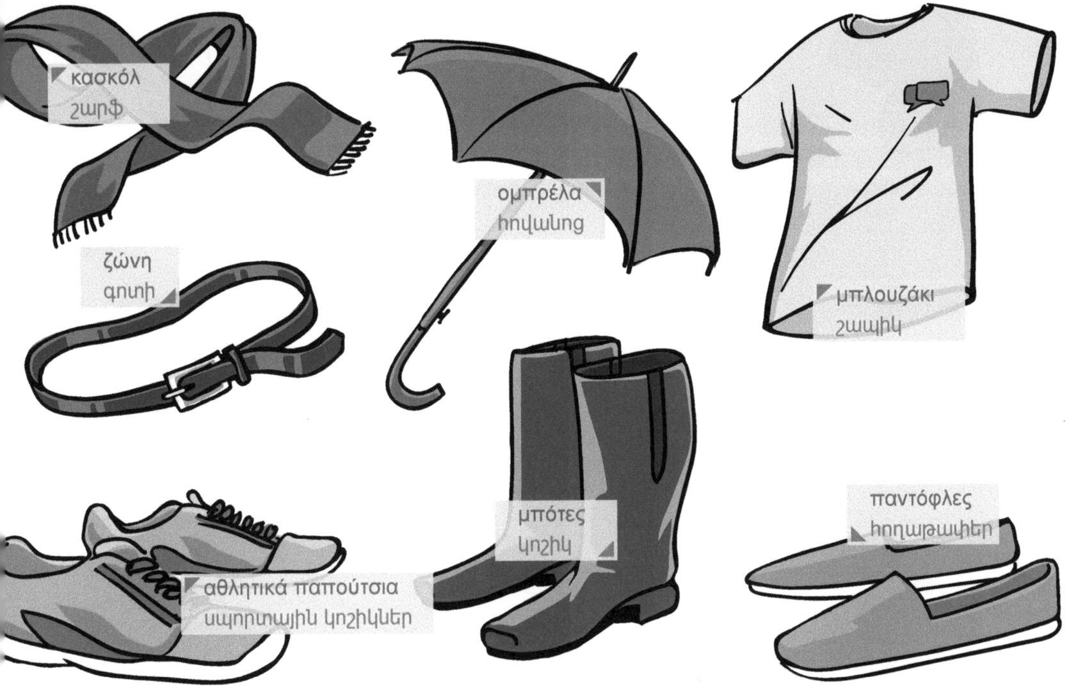

κασκόλ
շարֆ
ομπρέλα
հովանոց
μπλουζάκι
շապիկ
ζώνη
գոտի
μπότες
կոշիկ
παντόφλες
հողաթափեր
αθλητικά παπούτσια
սպորտային կոշիկներ

σανδάλια

σանդալներ

παπούτσια

կոշիկ

γαλότσες

ռետինե կոշիկներ

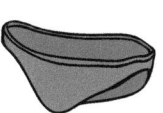

εσώρουχο

վարտիք

σουτιέν

կրծկալ

φανέλα

մայկա

σώμα
մարմին

παντελόνι
անդրավարտիք

τζιν παντελόνι
ջինս

φούστα
կիսաշրջազգեստ

μπλούζα
բլուզ

πουκάμισο
վերնաշապիկ

πουλόβερ
պուլովեր

πουλόβερ
սպորտային կուրտկա

σακάκι
պիջակ

μπουφάν
կուրտկա

παλτό
վերարկու

αδιάβροχο πανωφόρι
անձրևանոց

κοστούμι
կանացի կոստյում

φόρεμα
զգեստ

νυφικό
հարսանյաց զգեստ

κοστούμι

տղամարդու կոստյում

νυχτικό

գիշերանոց

πιτζάμες

պիժամա

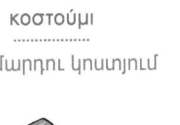

σάρι

Սարի

μαντήλι

գլխաշորն

τουρμπάνι

չալմա

μπούρκα

չադրա

καφτάνι

արևելյան խալաթ

μουσουλμανικό ένδυμα

հաստ վերարկու

ολόσωμο μαγιό

կանացի լողազգեստ

ανδρικό μαγιό

տղամարդու լողազգեստ

σορτς

շորտ

αθλητική φόρμα

սպորտային համազգեստ

ποδιά

գոգնոց

γάντια

ձեռնոցներ

κουμπί

կոճակ

γυαλιά

ակնոց

βραχιόλι

ապարանջան

περιδέραιο

վզնոց

δαχτυλίδι

մատանի

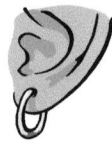

σκουλαρίκι

ականջօղ

καπέλο

գլխարկ

κρεμάστρα

կախիչ

καπέλο

գլխարկ

γραβάτα

փողկապ

φερμουάρ

շղթա

κράνος

սաղավարտ

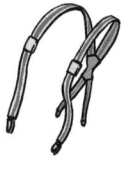

τιράντες

տաբատակալ

μαθητική στολή

դպրոցական համազգեստ

στολή

համազգեստ

σαλιάρα

մանկական գոգնոց

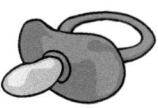

πιπίλα

ծծակ

πάνα

մանկական տակդիր

γραφείο

գրասենյակ

σέρβερ
սերվեր
αρχειοθήκη
գրասենյակային պահարան
χαρτί
թուղթ
εκτυπωτής
տպիչ
οθόνη
մոնիտոր
գրասեղան
ποντίκι
մկնիկ
ντοσιέ
թղթապանակ
πληκτρολόγιο
ստեղնաշար
καλάθι αχρήστων
աղբարկղ
υπολογιστής
համակարգիչ
καρέκλα
աթոռ

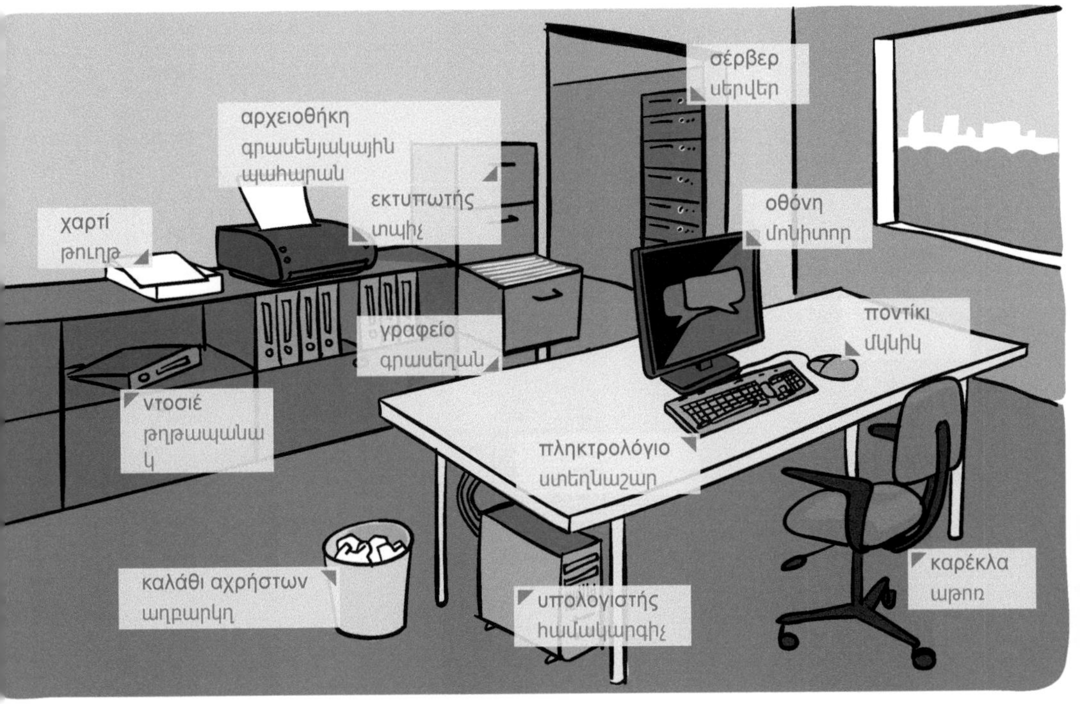

κούπα του καφέ

սուրճի գավաթ

κομπιουτεράκι

հաշվիչ

ίντερνετ

ինտերնետ

γραφείο - գրասենյակ 49

λάπτοπ

laptop

γράμμα

նամակ

μήνυμα

հաղորդագրություն

κινητό

բջջային հեռախոս

δίκτυο

ցանց

φωτοτυπικό μηχάνημα

պատճենահանման սարք

λογισμικό

ծրագրային ապահովում

τηλέφωνο

հեռախոս

πρίζα

վարդակ

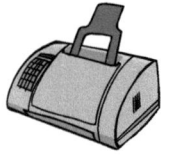

συσκευή φαξ

ֆաքսի մեքենա

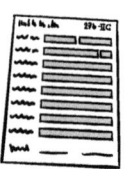

έντυπο

տեսակ

έγγραφο

փաստաթուղթ

αγοράζω

գնել

πληρώνω

վճարել

συναλλάσσομαι

առեւտրի

χρήματα

փող

δολάριο

դոլար

ευρώ

եվրո

γιεν

իեն

ρούβλι

ռուբլի

ελβετικό φράγκο

շվեյցարական ֆրանկ

ρενμίνμπι γιουάν

յուան

ρουπία

ռուպի

ATM (αυτόματη ταμειακή μηχανή)

բանկոմատ

ανταλλακτήρια συναλλάγματος

փոխանակման կետ

χρυσός

ոսկի

ασήμι

արծաթ

πετρέλαιο

նավթ

ενέργεια

էներգիա

τιμή

գին

συμβόλαιο

պայմանագիր

φόρος

հարկ

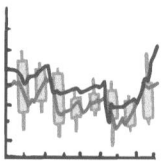

μετοχή

ակցիաներ

δουλεύω

աշխատանք

υπάλληλος

ծառայող

εργοδότης

գործատուն

εργοστάσιο

գործարան

κατάστημα

խանութ

επαγγέλματα

մասնագիտություն

αστυνόμος
ոստիկան
πυροσβέστης
հրշեջ
μάγειρας
խոհարար
γιατρός
բժիշկ
πιλότος
օդաչու

κηπουρός

այգեպան

ξυλουργός

ատաղձագործ

μοδίστρα

դերձակուհի

δικαστής

դատավոր

χημικός

քիմիկոս

ηθοποιός

դերասան

οδηγός λεωφορείου
ավտոբուսի վարորդ

ταξιτζής
տաքսու վարորդ

ψαράς
ձկնորս

καθαρίστρια
հավաքարար

τεχνίτης στεγών
տանիքագործ

σερβιτόρος
մատուցող

κυνηγός
որսորդ

ζωγράφος
նկարիչ

αρτοποιός
հացթուխ

ηλεκτρολόγος
էլեկտրատեխնիկ

οικοδόμος
շինարար

μηχανολόγος
ինժեներ

κρεοπώλης
մսագործ

υδραυλικός
ջրմուղագործ

ταχυδρόμος
փոստարար

στρατιώτης

զինվոր

αρχιτέκτονας

ճարտարապետ

ταμίας

գանձապահ

ανθοπώλης

ծաղկավաճառ

κομμωτής

վարսավիր

ελεγκτής εισιτηρίων

տոմսավաճառ

μηχανικός

մեխանիկ

καπετάνιος

կապիտան

οδοντίατρος

ատամնաբույժ

επιστήμονας

գիտնական

ραβίνος

ռաբբի

ιμάμης

Իմամ

μοναχός

կուսակրոն

ιερέας

հոգեւորական

εργαλεία
գործիքներ

σφυρί
մուրճ
πένσα
տափակաբերան աքցան
κατσαβίδι
պտուտակահա
ն
Γαλλικό κλειδί
φακός
լապտեր

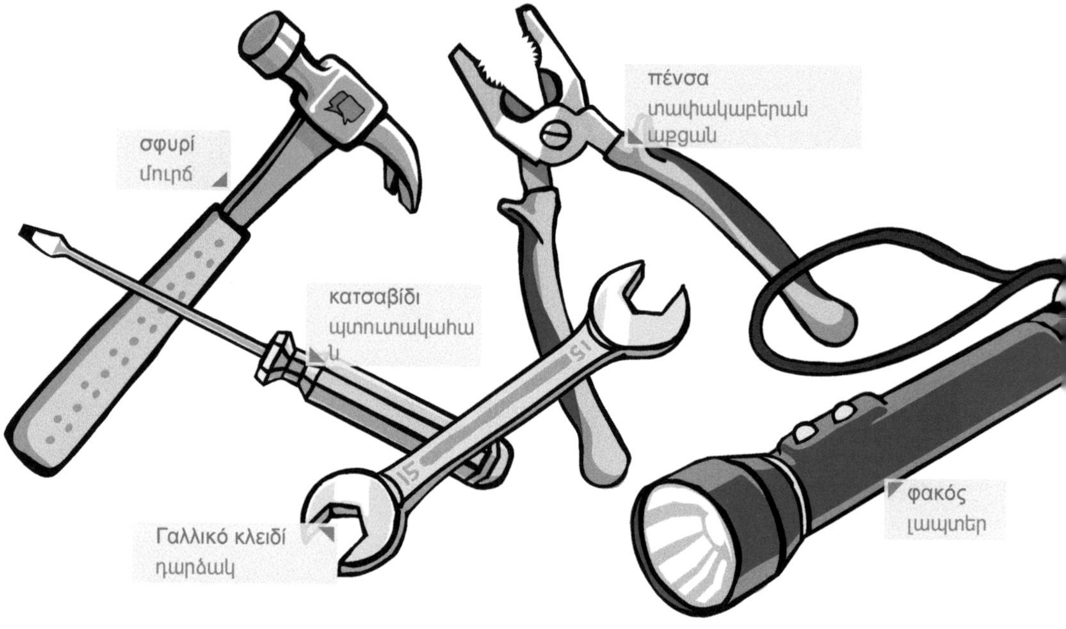

εκσκαφέας
....
էքսկավատոր

εργαλειοθήκη
....
գործիքների տուփ

σκάλα
....
սանդուղք

πριόνι
....
սղոց

καρφιά
....
մեխեր

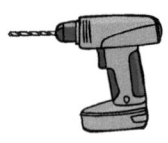

τρυπάνι
....
գայլիկոն

επισκευάζω

նորոգում

φτυάρι

բահ

Να πάρει!

գրողը տանի

φαράσι

գոգաթիակ

δοχείο χρωμάτων

ներկաման

βίδες

պտուտակներ

μουσικά όργανα
երաժշտական գործիքներ

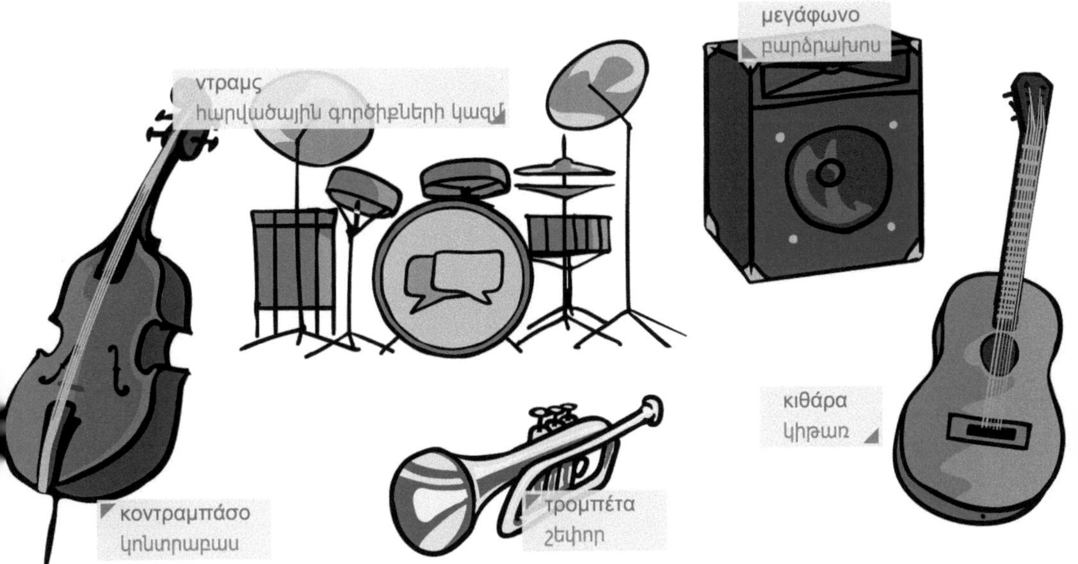

μεγάφωνο
բարձրախոս
ντραμς
հարվածային գործիքների կազմ
κιθάρα
կիթառ
κοντραμπάσο
կոնտրաբաս
τρομπέτα
շեփոր

πιάνο

դաշնամուր

βιολί

ջութակ

μπάσο

բաս

τύμπανα

թմբուկներ

τύμπανο

հարվածային գործիքներ

πλήκτρα

ստեղնաշար

σαξόφωνο

սաքսոֆոն

φλάουτο

ֆլեյտա

μικρόφωνο

միկրոֆոն

58 μουσικά όργανα - երաժշտական գործիքներ

ζωολογικός κήπος

կենդանաբանական այգի

είσοδος
մուտք
τίγρης
վագր
κλουβί
վանդակ
ζέβρα
զեբր
ζωοτροφή
կենդանիների կերակուր
πάντα
պանդա

ζώα

կենդանիներ

ελέφαντας

փիղ

καγκουρό

կենգուրու

ρινόκερος

ռնգեղջյուր

γορίλας

գորիլա

αρκούδα

գորշ արջ

καμήλα

ուղտ

στρουθοκάμηλος

ջայլամ

λιοντάρι

առյուծ

πίθηκος

կապիկ

φλαμίνγκο

ֆլամինգո

παπαγάλος

թութակ

πολική αρκούδα

բևեռային արջ

πιγκουίνος

պինգվին

καρχαρίας

շնաձուկ

παγώνι

սիրամարգ

φίδι

օձ

κροκόδειλος

կոկորդիլոս

φύλακας ζωολογικού κήπου

կենդանաբանական այգու
աշխատող

φώκια

փոկ

τζάγκουαρ

յագուար

πόνυ

 պոնի

λεοπάρδαλη

ընձառյուծ

ιπποπόταμος

գետաձի

καμηλοπάρδαλη

ընձուղտ

αετός

արծիվ

αγριογούρουνο

վարազ

ψάρι

ձուկ

χελώνα

կրիա

θαλάσσιος ίππος

ծովացուլ

αλεπού

աղվես

γαζέλα

վիթ

Αμερικάνικο ποδόσφαιρο
ամերիկյան ֆուտբոլ

ποδηλασία
հեծանվավազք

αντισφαίριση
թենիս

μπάσκετ
բասկետբոլ

κολύμβηση
լող

πυγχαμία
բռնցքամարտ

χόκεϋ επί πάγου
հոկեյ

ποδόσφαιρο
ֆուտբոլ

μπάντμιντον
բադմինտոն

στίβος
աթլետիկա

χάντμπολ
ձեռքի գնդակ

σκι
դահուկային սպորտ

πόλο
պոլո

γελάω
ծիծաղել
πηδάω
ցատկել
αγκαλιάζω
գրկել
περπατάω
քայլել
τραγουδάω
երգել
ονειρεύομαι
երազել
προσεύχομαι
աղոթել
φιλάω
համբուրել

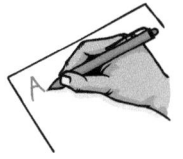

γράφω
գրել

σχεδιάζω
նկարել

δείχνω
ցույց տալ

πιέζω
հրել

δίνω
տալ

παίρνω
վերցնել

έχω

ունենալ

κάνω

դեպի

είμαι

լինել

στέκομαι

կանգնել

τρέχω

վազել

τραβάω

քաշել

ρίχνω

նետել

πέφτω

ընկնել

ξαπλώνω

ստել

περιμένω

սպասել

κουβαλώ

կրել

κάθομαι

նստել

φοράω

հագնվել

κοιμάμαι

քնել

ξυπνάω

արթնանալ

κοιτάω

նայել

κλαίω

լացել

χαϊδεύω

շոյել

χτενίζω

սանրվել

μιλάω

խոսել

καταλαβαίνω

հասկանալ

ρωτάω

հարցնել

ακούω

լսել

πίνω

խմել

τρώω

ուտել

συγυρίζω

հարդարվել

αγαπάω

սիրել

μαγειρεύω

խոհարար

οδηγώ

քշել

πετάω

թռչել

κάνω ιστιοπλοΐα

լողալ

υπολογίζω

հաշվել

διαβάζω

կարդալ

μαθαίνω

սովորել

δουλεύω

աշխատանք

παντρεύομαι

ամուսնանալ

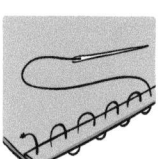

ράβω

կարել

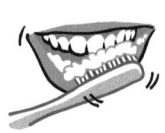

βουρτσίζω τα δόντια

ատամները լվանալ

σκοτώνω

սպանել

καπνίζω

ծուխ

στέλνω

ուղարկել

οικογένεια
ընտանիք

γιαγιά
տատիկ
παππούς
պապիկ
πατέρας
հայր
μητέρα
մայր
μωρό
երեխա
κόρη
դուստր
γιος
որդի

καλεσμένος

հյուր

θεία

հորաքույր

θείος

հորեղբայր

αδελφός

եղբայր

αδελφή

քույր

σώμα

մարմին

μέτωπο
ճակատ
μάτι
աչք
πρόσωπο
դեմք
πιγούνι
կզակ
δάχτυλο
մատ
χέρι
ձեռք
στήθος
βραχίονας
թև
ώμος
ուս
πόδι
ոտք

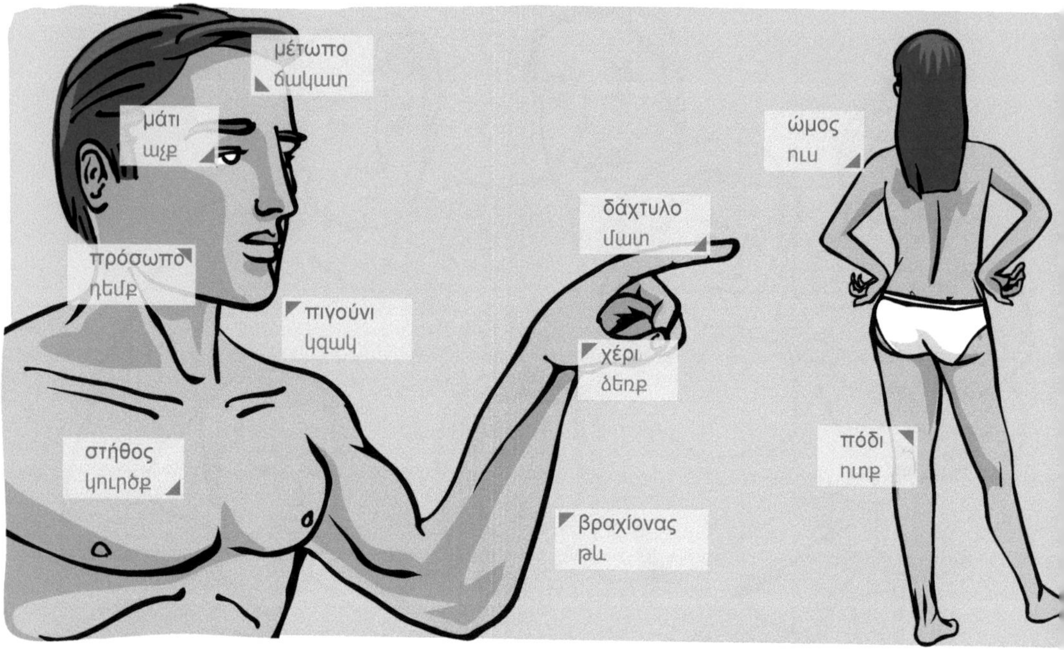

μωρό
երեխա

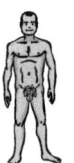

άνδρας
մարդ

γυναίκα
կին

κορίτσι
աղջիկ

αγόρι
տղա

κεφάλι
գլուխ

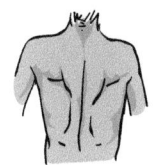

πλάτη

մեջք

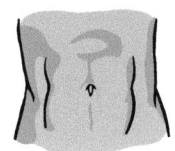

κοιλιά

փոր

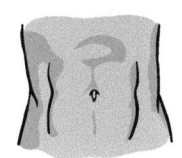

αφαλός

պորտ

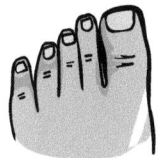

δάχτυλο ποδιού

ոտնամատ

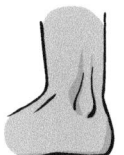

φτέρνα

կրունկ

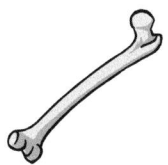

κόκκαλο

ոսկոր

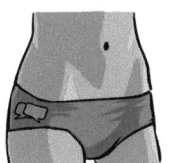

γοφός

ազդր

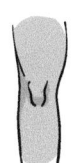

γόνατο

ծունկ

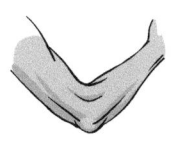

αγκώνας

արմունկ

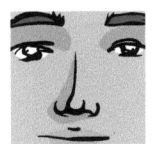

μύτη

քիթ

γλουτός

հետույք

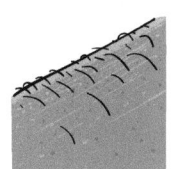

δέρμα

մաշկ

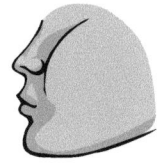

μάγουλο

այտ

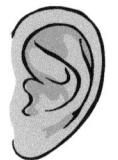

αυτί

ականջ

χείλος

շրթունք

στόμα

բերան

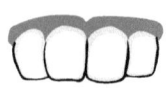

δόντι

ատամ

γλώσσα

լեզու

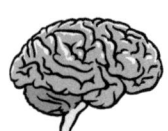

εγκέφαλος

ուղեղ

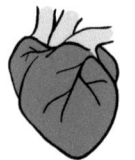

καρδιά

սիրտ

μυς

մկան

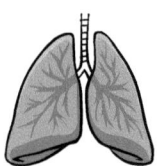

πνεύμονας

թոք

συκώτι

լյարդ

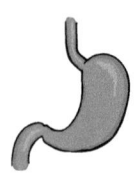

στομάχι

ստամոքս

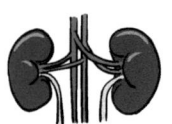

νεφρά

երիկամներ

σεξουαλική επαφή

սեքս

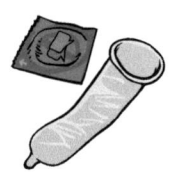

προφυλακτικό

պահպանակներ

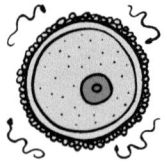

ωάριο

ձվաբջիջը

σπέρμα

Սեմյոն

εγκυμοσύνη

հղիություն

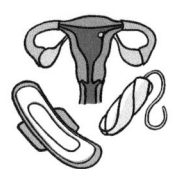

περίοδος

դաշտան

γυναικείος κόλπος

հեշտոց

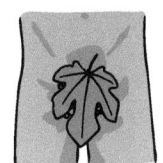

πέος

առնանդամ

φρύδι

հոնք

μαλλιά

մազ

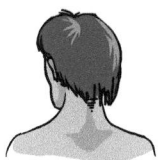

λαιμός

պարանոց

σώμα - մարմին   71

νοσοκομείο
հիվանդանոց

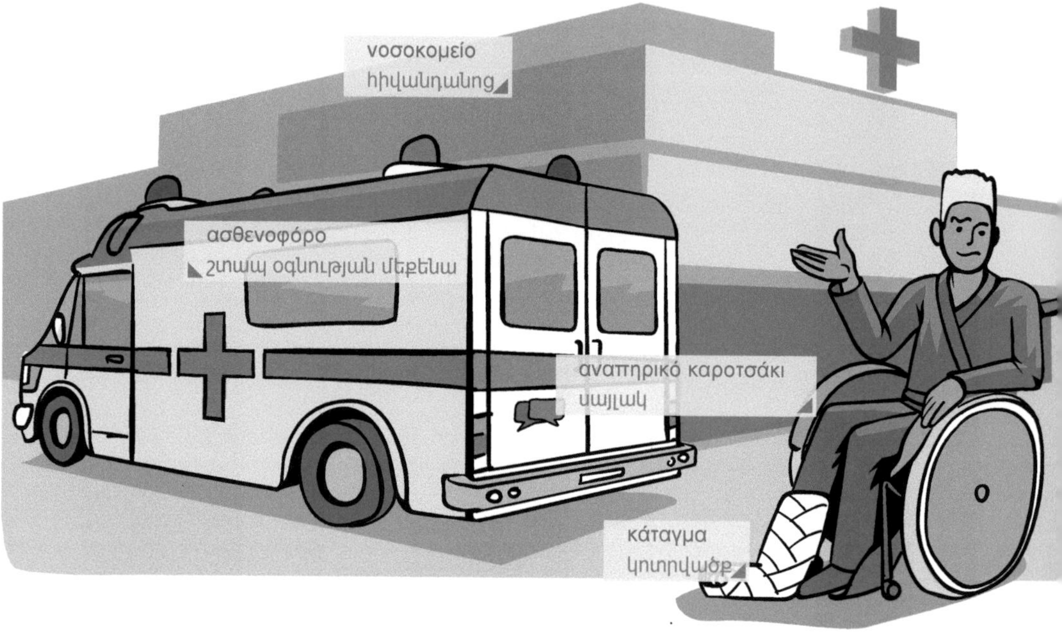

νοσοκομείο
հիվանդանոց
ασθενοφόρο
շտապ օգնության մեքենա
αναπηρικό καροτσάκι
սայլակ
κάταγμα
կոտրվածք

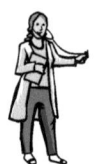

γιατρός

բժիշկ

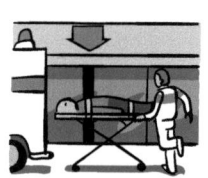

μονάδα εντατικής θεραπείας

շտապ օգնության սենյակ

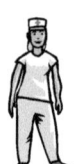

νοσοκόμα

բուժքույր

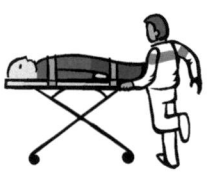

έκτακτη ανάγκη

շտապ օգնություն

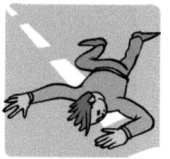

λιπόθυμος

անգիտակից

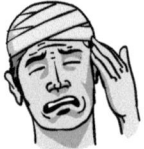

πόνος

ցավ

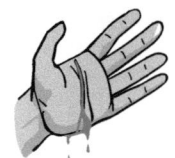

τραύμα

վնասվածք

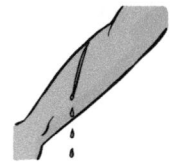

αιμορραγία

արյունահոսություն

έμφραγμα

սրտի կաթված

εγκεφαλικό

կաթված

αλλεργία

ալերգիա

βήχας

հազ

πυρετός

տենդ

γρίπη

գրիպ

διάρροια

փորլուծություն

πονοκέφαλος

գլխացավ

καρκίνος

քաղցկեղ

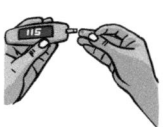

διαβήτης

դիաբետ

χειρουργός

վիրաբույժ

νυστέρι

վիրադանակ

εγχείρηση

վիրահատություն

αξονική τομογραφία

CT

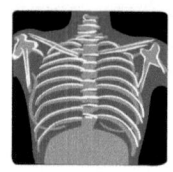

ακτινογραφία

ռենտգեն

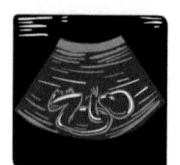

υπέρηχος

ուլտրաձայնային

μάσκα

դեմքի դիմակ

ασθένεια

հիվանդություն

αίθουσα αναμονής

սպասասրահ

πατερίτσα

հենակ

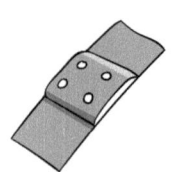

χάνσαπλαστ

սպեղանի

επίδεσμος

վիրակապ

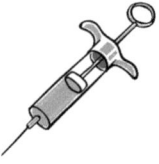

ένεση

ներարկում

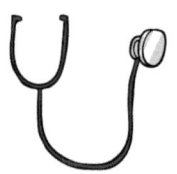

στηθοσκόπιο

լսափողակ

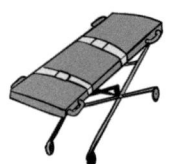

φορείο

պատգարակ

θερμόμετρο

ջերմաչափ

γέννηση

ծնունդ

υπέρβαρο

ավելաքաշ

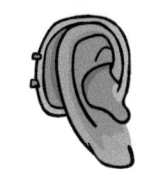

ακουστικό βαρηκοΐας

լսելով օգնության

αντισηπτικό

ախտահանիչ

λοίμωξη

վարակ

ιός

վիրուս

HIV/AIDS

ՄԻԱՎ / ՁԻԱՀ

φάρμακο

դեղորայք

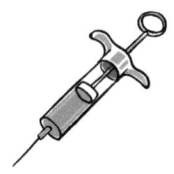

εμβολιασμός

պատվաստում

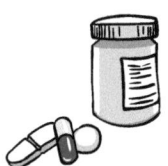

δισκία

հաբեր

χάπι

հաբ

κλήση έκτακτης ανάγκης

ահազանգ

πιεσόμετρο αίματος

արյան ճնշման չափիչ սարք

άρρωστος / υγιής

հիվանդ / առողջ

έκτακτη ανάγκη

շտապ օգնություն

Βοήθεια!

Օգնություն!

συναγερμός

տագնապի ազդանշան

βιαιοπραγία

հարձակում

επίθεση

հարձակում

κίνδυνος

վտանգ

έξοδος κινδύνου

վթարային ելք

Φωτιά!

Հրդեհ

πυροσβεστήρας

կրակմարիչ

ατύχημα

վթար

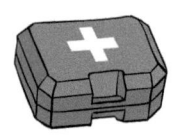

κουτί πρώτων βοηθειών

առաջին օգնության դեղարկղ

SOS

SOS

αστυνομία

ոստիկանություն

Ευρώπη

Եվրոպա

Βόρεια Αμερική

Հյուսիսային Ամերիկա

Νότια Αμερική

Հարավային Ամերիկա

Αφρική

Աֆրիկա

Ασία

Ասիա

Αυστραλία

Ավստրալիա

Ατλαντικός Ωκεανός

Ատլանտյան օվկիանոս

Ειρηνικός Ωκεανός

Խաղաղ օվկիանոս

Ινδικός Ωκεανός

Հնդկական օվկիանոս

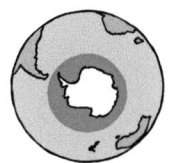

Ανταρκτικός Ωκεανός

Հարավային Սառուցյալ օվկիանոս

Αρκτικός Ωκεανός

Հյուսիսային Սառուցյալ օվկիանոս

Βόρειος Πόλος

հյուսիսային բևեռ

Νότιος Πόλος
....
հարավային բևեռ

Ανταρκτική
....
Անտարկտիդա

Γη
....
երկիր

γη
....
ցամաք

θάλασσα
....
ծով

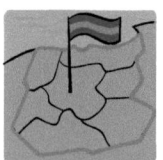

νησί
....
կղզի

έθνος
....
ազգ

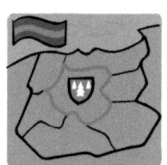

πολιτεία
....
պետական

ρολόι
ժամացույց

καντράν ρολογιού

թվատախտակ

ωροδείκτης

ժամի սլաք

λεπτοδείκτης

րոպեի սլաք

δείκτης δευτερολέπτων

վայրկյանի սլաք

Τι ώρα είναι;

Ժամը քանիսն է?

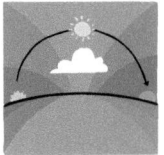

ημέρα

օր

χρόνος

այսպիսով

τώρα

այժմ

ψηφιακό ρολόι

թվային ժամացույց

λεπτό

րոպե

ώρα

ժամ

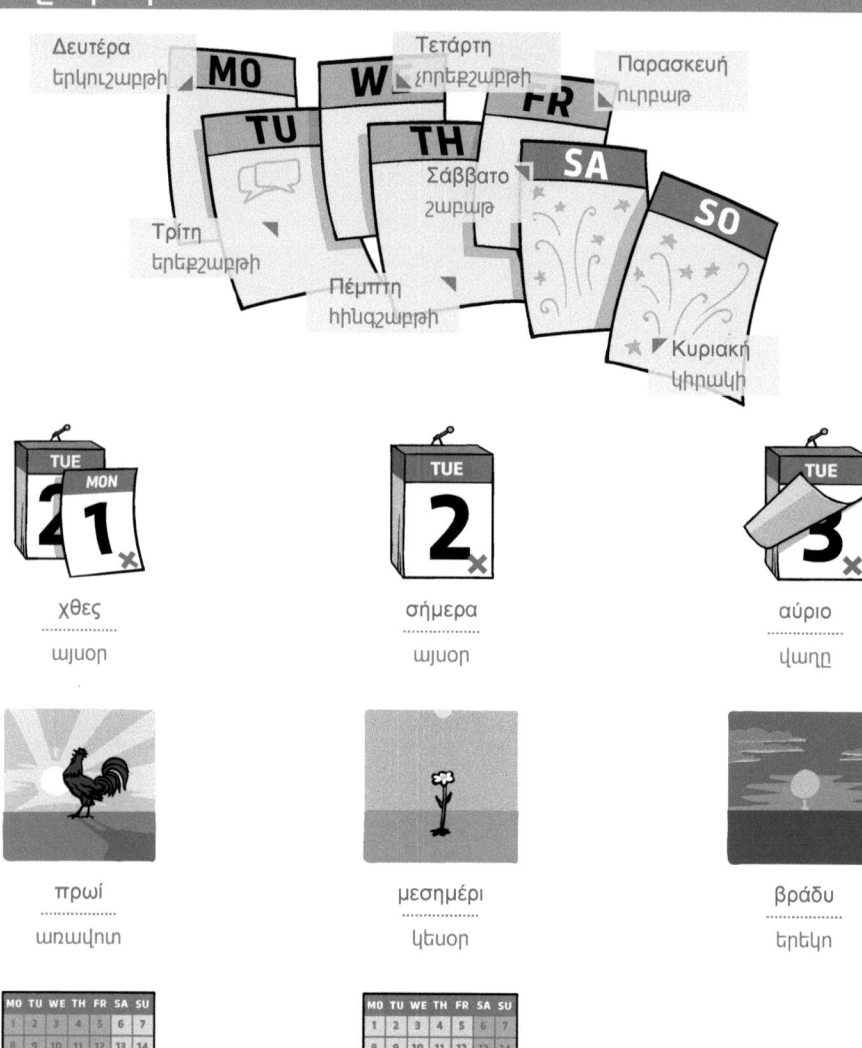

εβδομάδα

շաբաթ

Δευτέρα
երկուշաբթի
MO
W
Τετάρτη
չորեքշաբթի
FR
Παρασκευή
ուրբաթ
TU
TH
Σάββατο
SA
SO
Τρίτη
երեքշաբթի
Πέμπτη
հինգշաբթի
Κυριακή
կիրակի

χθες

այսօր

σήμερα

այսօր

αύριο

վաղը

πρωί

առավոտ

μεσημέρι

կեսօր

βράδυ

երեկո

εργάσιμες ημέρες

աշխատանքային օրեր

Σαββατοκύριακο

շաբաթվա վերջ

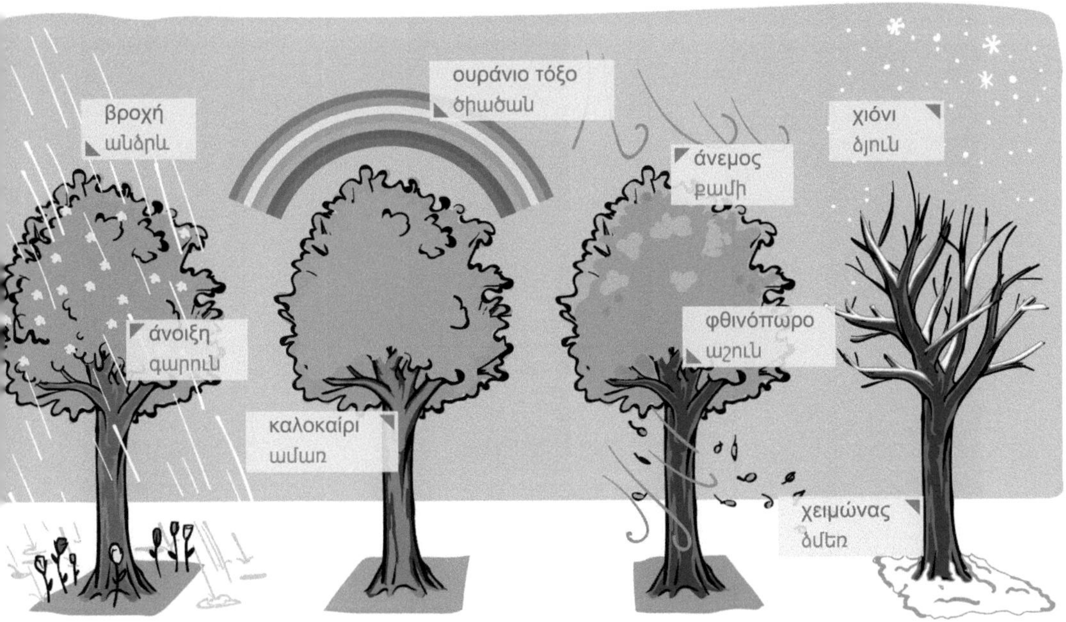

βροχή
անձրև
ουράνιο τόξο
ծիածան
άνεμος
քամի
χιόνι
ձյուն
άνοιξη
գարուն
καλοκαίρι
ամառ
φθινόπωρο
աշուն
χειμώνας
ձմեռ

4.APRIL 11°
5.APRIL 4°
6.APRIL 13°
7.APRIL 8°
8.APRIL 10°

πρόγνωση καιρού

եղանակի տեսություն

F
C
120
90
60
30
0
-30
40
30
20
10
0
-10
-20

θερμόμετρο

ջերմաչափ

λιακάδα

արևի լույս

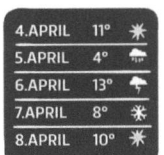

σύννεφο

ամպ

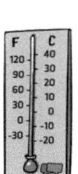

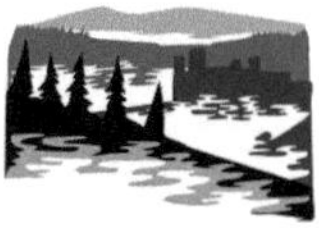

ομίχλη

մառախուղ

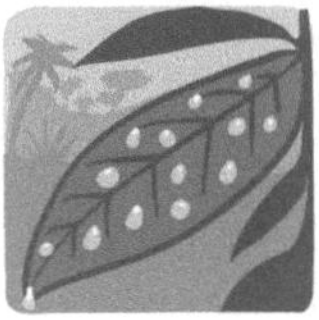

υγρασία

խոնավություն

αστραπή

կայծակ

κεραυνός

որոտ

καταιγίδα

փոթորիկ

χαλάζι

կարկուտ

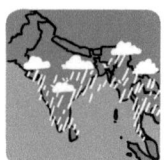

μουσώνας

մուսոն

πλημμύρα

ջրհեղեղ

πάγος

սառույց

Ιανουάριος

հունվար

Φεβρουάριος

փետրվար

Μάρτιος

մարտ

Απρίλιος

ապրիլ

Μάιος

մայիս

Ιούνιος

հունիս

Ιούλιος

հուլիս

Αύγουστος

օգոստոս

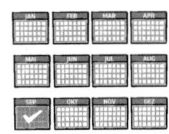

Σεπτέμβριος

սեպտեմբեր

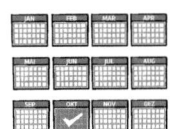

Οκτώβριος

հոկտեմբեր

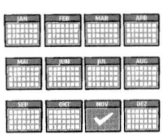

Νοέμβριος

նոյեմբեր

Δεκέμβριος

դեկտեմբեր

σχήματα
ձևավորում

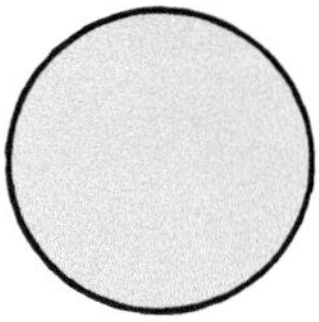

κύκλος

շրջան

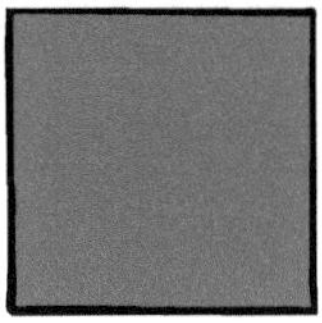

τετράγωνο

քառակուսի

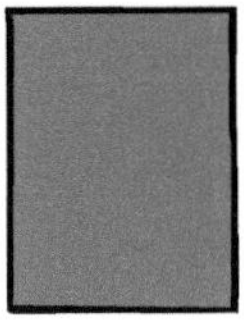

ορθογώνιο
παραλληλόγραμμο
ուղղանկյունի

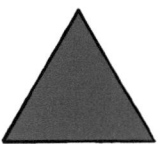

τρίγωνο

եռանկյունի

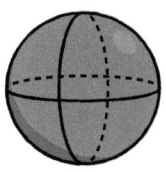

σφαίρα

ասպարեզ

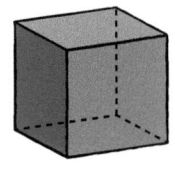

κύβος

խորանարդ

χρώματα

գույներ

άσπρο

վարդագույն

κίτρινο

մոխրագույն

πορτοκαλί

դեղին

ροζ

մանուշակագույն

κόκκινο

կարմիր

μωβ

շագանակագույն

μπλε

կապույտ

πράσινο

սև

καφέ

նարնջագույն

γκρι

սպիտակ

μαύρο

կանաչ

αντίθετα
հակադիրներ

πολύ / λίγο

շատ / քիչ

θυμωμένος / ήρεμος

բարկացած / հանգիստ

όμορφος / άσχημος

գեղեցիկ / տգեղ

αρχή / τέλος

սկսած / վերջը

μεγάλος / μικρός

մեծ / փոքր

φωτεινός / σκοτεινός

պայծառ / մութ

αδελφός / αδελφή

եղբայրը / քույրը

καθαρός / λερωμένος

մաքուր / կեղտոտ

πλήρης / ατελής

ամբողջական / թերի

ημέρα / νύχτα

օր / գիշեր

νεκρός / ζωντανός

մեռած / կենդանի

φαρδύς / στενός

լայն / նեղ

βρώσιμος / μη βρώσιμος

ուտելի / անուտելի

κακός / ευγενικός

չար / բարի

ενθουσιασμένος / βαριεστημένος

հուզված / ձանձրացրել

παχύς / λεπτός

հաստ / բարակ

πρώτος / τελευταίος

առաջին / վերջին

φίλος / εχθρός

ընկերը / թշնամին

γεμάτος / άδειος

լիքը / դատարկ

σκληρός / μαλακός

կոշտ / փափուկ

βαρύς / ελαφρύς

ծանր / թեթև

πείνα / δίψα

քաղց / ծարավ

άρρωστος / υγιής

հիվանդ / առողջ

παράνομος / νόμιμος

անօրինական է / իրավաբանական

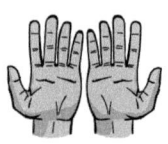

έξυπνος / χαζός

Խելացի / հիմարություն

αριστερός / δεξιός

ձախ / աջ

κοντινός / μακρινός

մոտիկ / հեռու

καινούριος / μεταχειρισμένος

Նոր / օգտագործվում

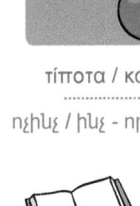

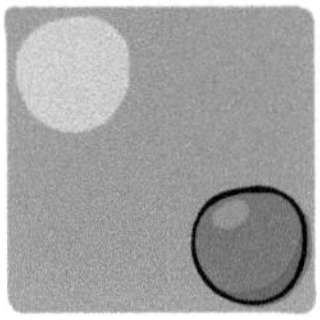

τίποτα / κάτι

ոչինչ / ինչ - որ բան

γέρος | νέος

ծեր / երիտասարդ

αναμμένος / σβηστός

միացում անջատում

ανοιχτός / κλειστός

բաց / փակ

χαμηλόφωνος / μεγαλόφωνος

ցածր / բարձր

πλούσιος / φτωχός

հարուստ / աղքատ

σωστός / λανθασμένος

ճիշտ / սխալ

τραχύς / λείος

անհարթ / հարթ

λυπημένος / χαρούμενος

տխուր / ուրախ

κοντός / μακρύς

կարճ / երկար

αργός / γρήγορος

դանդաղ / արագ

υγρός / στεγνός

թաց / չոր

ζεστός / δροσερός

տաք / թույն

πόλεμος / ειρήνη

պատերազմ / խաղաղությունը

αριθμοί
թվեր

0	1	2
μηδέν	ένα	δύο
զրո	մեկ	երկու
3	4	5
τρία	τέσσερα	πέντε
երեք	չորս	հինգ
6	7	8
έξι	εφτά	οκτώ
վեց	յոթ	ութ
9	10	11
εννιά	δέκα	έντεκα
ինը	տաս	տասնմեկ

12

δώδεκα

տասներկու

13

δεκατρία

տասներեք

14

δεκατέσσερα

տասնչորս

15

δεκαπέντε

տասնհինգ

16

δεκαέξι

տասնվեց

17

δεκαεφτά

տասնյոթ

18

δεκαοκτώ

տասնութ

19

δεκαεννέα

տասնինը

20

είκοσι

քսան

100

εκατό

հարյուր

1.000

χίλια

հազար

1.000.000

εκατομμύριο

միլիոն

Αγγλικά

անգլերեն

Αμερικάνικα Αγγλικά

ամերիկյան անգլերեն

Μανδαρίνικα Κινέζικα

չինարեն մանդարին

Χίντι

հինդի

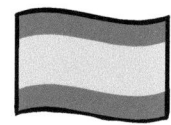

Ισπανικά

իսպաներեն

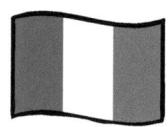

Γαλλικά

ֆրանսերեն

Αραβικά

արաբերեն

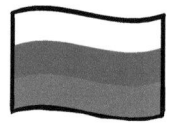

Ρώσικα

ռուսերեն

Πορτογαλικά

պորտուգալերեն

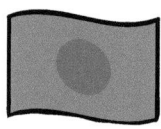

Μπενγκάλι

բենգալերեն

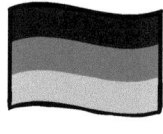

Γερμανικά

գերմաներեն

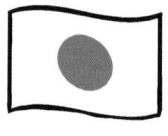

Ιαπωνικά

ճապոներեն

ποιος / τι / πως

Ով է /, թե ինչ է /, ինչպես

εγώ

ես

εσύ

դուք

αυτός / αυτή / αυτό

Նա / նա /, որ դա

εμείς

մենք

εσείς

դուք

αυτοί / αυτές / αυτά

նրանք

ποιος / ποια / ποιο;

Ով է?

τι;

ինչ?

πώς;

ինչպես?

πού;

որտեղ.

πότε;

երբ?

HELLO, I AM

όνομα

անուն

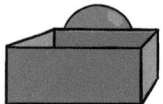

ΠΟΥ

որտեղ

πίσω

ետևում

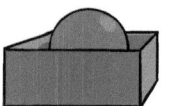

μέσα

մեջ

μπροστά

դիմաց

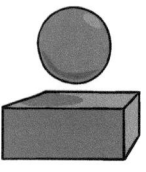

πάνω από

վրա

πάνω

վրա

κάτω

տակ

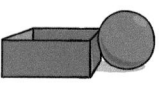

δίπλα

կողքին

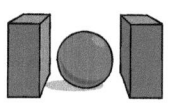

ανάμεσα

միջեւ

μέρος

տեղ